Tina Thron

Pimpern und gepampert werden

Wofür Männer gut sind

Eichborn.

Gewidmet allen Männern, von denen ich lernen durfte, dass sie, wenn auch nicht für alles, so doch für manches tauglich sind. Und gnädigerweise auch denen, von denen ich lernen musste, dass sie zu rein gar nix zu gebrauchen sind.

Dieses Buch wurde gefühlsmäßig überwiegend in irgendeiner deutschen Rechtschreibung verfaßt/verfasst.

1   2   3   4   04   03   02

© Eichborn AG, Frankfurt am Main, August 2002
Lektorat: Dr. phil. Oliver Thomas Domzalski
Satz und Layout: die Basis, Wiesbaden
Druck und Bindung: Fuldaer Verlagsagentur
ISBN 3-8218-2685-1

Verlagsverzeichnis schickt gern:
Eichborn Verlag, Kaiserstr. 66, D–60329 Frankfurt

INHALT

- 4   Vorwort
- 6   Flirten und Anbaggern
- 10 Beziehungen führen
- 14 Streiten
- 18 Gut aussehen
- 22 Auto fahren
- 26 Bügeln
- 30 Arbeiten
- 34 Hausmann
- 38 Beifahrer sein
- 42 Essen gehen
- 46 Ehrgeiz
- 50 Fernsehen
- 52 Computer
- 56 Pimpern
- 62 Bücher schreiben

VORWORT

Viele Frauen haben einen mehr oder weniger gut erhaltenen, einsatzfähigen Mann zu Hause oder bei der Arbeit herumhängen. Aber oft haben sie keine Ahnung, wozu er eigentlich gut ist – außer zum Pimpern und gepampert werden. Soviel Ratlosigkeit muss nicht sein.

Die fatale Situation entsteht eigentlich immer auf die gleiche Weise: Die Frau hat sich irgendwo von ihm entdecken lassen, in der romantisierten Hoffnung, dass genau er es ist, der ihre wahren Vorzüge wie z.B. ihre brilliante Intelligenz, ihren ausgefeilten Sinn für Humor und ihre individuelle Schönheit zu würdigen weiß. In guten wie in schlechten Zeiten. Für alle Zeiten.

Und dann? Dann steht er plötzlich dumm herum. Oder er liegt dumm herum. Und schweigt. Denn Männer, die sich einmal der Zuneigung ihrer Partnerin versichert haben, verhalten sich ganz anders als solche, die noch auf der Suche sind. Sie reagieren eher wie hospitalisierte Pfauen, denen die Federn vor Gram ob der Eintönigkeit ausgefallen sind. Sie haben ein unnachahmliches Talent, ihre Unzufriedenheit in sich hineinzufressen (alternativ: in sich hineinzusaufen) oder sich mit anderen Männern im Fußballstadion, am Stammtisch oder auf dem Autowaschplatz zum Zwecke der Triebsublimierung zusammenzurotten.

Aber in unserer modernen Ratgeber- und Dienstleistungsgesellschaft kann jeder Frau geholfen werden, die sich genauer informieren will, was sie mit ihrem Mann anfangen soll – und was er möglicherweise sogar selbstständig zu leisten in der Lage ist.

Hot Flirten und Anbaggern

Männer glauben, dass sie es sind, die so hervorragend flirten können. Und eine intelligente Frau läßt sie auch schön in diesem Glauben. Die meisten Frauen perfektionieren im Laufe ihres Lebens geradezu zwangsläufig die Fertigkeit, dem zufällig oder absichtlich ausgewählten Mann zu suggerieren, dass er und nur er es gewesen sei, der den Flirtmotor angelassen und – voll in Fahrt – ein neues Terrain erobert habe. Sonst würde nämlich gar nichts laufen.

Aber wenn Ottos Motor erstmal läuft, fängt meistens gleich das nächste Problem an: Männer kennen nämlich den Unterschied zwischen Flirten und Anbaggern nicht. Das Flirten dient ja lediglich dazu, sich von einem tauglichen Mann den gegenwärtigen Augenblick versüßen zu lassen, sich schön und begehrt zu fühlen. Er allerdings versteht sein Ausbringen feuriger Komplimente meist

TEN

als selbst ausgestellten Freifahrtschein für horizontales Tangotanzen. Ohne selbst den Takt halten zu können, versteht sich. Und bisweilen noch nicht mal den Taktstock. Schon schwierig.

Ganz schwierig wird es allerdings, wenn eine Frau versucht, einen Mann anzubaggern. Er reagiert dann verunsichert und vergräbt sogleich beide Hände tief in den Taschen seiner ausgebeulten Cordhose, als müsse er sein liebstes Körperteil vor dem feindlichen Übergriff eines wild gewordenen Amazonenheeres schützen.

Zeiten & Orte der Bewährung

Einige wenige Männern haben durch unermüdliches Üben und hartes Training erlernt, charmant anzubaggern. Sie tun es aber selten, weil sich meist ihre Ehefrauen in unmittelbarer Nähe befinden und sie mithin das Ausbrechen eines ⇨Streits mit mehreren Frauen fürchten.

Probleme & Gefahren

Siehe oben: Ehefrau. Begegnungen mit selbiger können im Zweifelsfall zu harten, bissigen und folgenreichen Auseinandersetzungen führen.

Therapie & Training

Männern das Flirten beizubringen ist eine echte Herausforderung. Männer erfolgreich anzubaggern ist nahezu unmöglich, sollte jedoch nicht unversucht gelassen werden, solange das entsprechende Objekt auch nach mehreren kläglich gescheiterten Versuchen immer noch reizvoll erscheint. Regelmäßig durchgeführte Atemübungen verschaffen zumindest Linderung in Fällen schweren Liebeskummers.

Kosten & Nutzen

Je nach Aufwand kann das Flirten wie auch das Anbaggern Unsummen von Geld verschlingen. Da ist nicht nur die sprichwörtliche weibliche Vorsicht angebracht, sondern auch das regelmäßige Erstellen einer Kosten-Nutzen-Rechnung und das nach betriebswirtschaftlichen Regeln orientierte Ermitteln des Break-Even.

Beziehungen führen

Machen wir uns nichts vor: Der normal sozialisierte und nach offizieller DIN-Norm aufgezogene und gehaltene Mann ist an und für sich beziehungsunfähig. Selbst wenn es einzelne Exemplare zu geben scheint, die sowohl ihre Mutter wie auch ihre Ehefrau nach Abwesenheit von mehr als 24 Stunden als Bezugspersonen wiederzuerkennen scheinen: Das komplexe System aus verwandtschaftlichen und sozialen Verflechtungen vermögen sie nicht zu überschauen oder gar zu pflegen. Alles was über den Kollegenkreis oder die Kumpels vom Fußballverein oder der Skatgemeinschaft hinausgeht, wird nicht als Beziehung und somit auch nicht als pflegewürdig erkannt. Das Erinnern von Geburtstagen im engeren Freundes- und Verwandtenkreis, das Besorgen der entsprechenden

Geschenke oder das Aussprechen von Einladungen zu gelegentlichen gemeinsamen Abendessen ist in den männlichen Genen grundsätzlich nicht vorgesehen. Die Frau sollte dementsprechend darauf vorbereitet sein, dass sie den Mann an ihrer Seite für solche Zwecke nicht einsetzen kann. Im Gegenteil. Ihr immerwährender Kalender wird sich nach Eingehen einer entsprechenden Bindung im Normalfall auf das Doppelte erweitern, weil er, wie bereits erwähnt, den Geburtstag seiner Mutter vergisst und Weihnachten lediglich als Abfolge arbeitsfreier Tage ansieht.

Orte & Zeiten der Bewährung

Einen Mann für das Führen und insbesondere die Pflege einer Beziehung einsetzen zu wollen, grenzt an bodenlose Gutgläubigkeit.

Probleme & Gefahren

Der Mann in der Beziehung kann enttäuschend sein. Aber wenn ihm Fähigkeiten wie Selbstreflexion und Bereitschaft zur Kommunikation nicht abverlangt werden, kann es am Ende doch noch ganz lustig mit ihm werden.

Therapie & Training

Das regelmäßige Abfragen besonders wichtiger Daten kann von Nutzen sein, wenn entsprechende Sanktionen bei Versagen drohen. Für das Erteilen dieser Art von Nachhilfe sei es Frauen anempfohlen, jegliche Mitleidsäußerung zu unterlassen. Tun Sie so, als handele es sich um das Abfragen der Tabelle unregelmäßiger Verben.

Kosten & Nutzen

Die Kosten, einen Mann in dieser Hinsicht ordentliche Führung angedeihen zu lassen, sind recht niedrig, auch wenn der Zeitaufwand zu bestimmten Jahreszeiten (Ostern, Weihnachten) hoch sein kann. Manchmal blitzt sogar ein gewisser Schein von Dankbarkeit aus seinen Augen, wenn sich z.B. seine Mutter für den Blumenstock zum Muttertag (Alpenveilchen, Azaleen, Orchideen) überschwänglich bei ihm statt bei ihr bedankt.

Streiten

Den wahren Sinn und Zweck eines entweder sauber vorbereiteten oder auch spontan vom Zaun gebrochenen, stets jedoch emotionsgeladenen und anlassunabhängigen Streits haben Männer bis heute nicht begriffen. Die bisweilen von manchen mit Beharrlichkeit ausgestatteten Personen weiblichen Geschlechts gehegte Vermutung, dass sich dies nach längeren Beziehungsjahren ändern könnte, ist empirisch nicht nachweisbar.

Bei einem sogenannten Streit handelt es sich nämlich im Grunde genommen um eine ganz besonders intensive Art der von Liebe und Zuneigung geprägten Beziehungspflege. In welcher Situation sonst wäre die Frau bereit, alle Nerven gespannt zu halten, ihr Sprachorgan auf unkontrollierte und aus der Tiefe kommende Laute zu

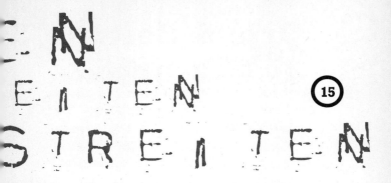

stellen und überdies den Mann mit allen zur Verfügung stehenden Mitteln zum gemeinsamen Höhepunkt zu locken. Außerhalb des Streitvergnügens doch wohl nur beim Sex. Ergo: Beim Streiten handelt es sich um eine spezielle Art von triebgesteuerter Entladungshandlung, die zwar nicht gleichzeitig von geschlechtlichsspezifischen Aktionen untermalt wird, letztere aber zwecks sogenannter »Versöhnung« zur Folge haben kann.
Oder wie bereits Ludwig Börne sagte: »Zank ist der Rauch der Liebe«.

Orte & Zeiten der Bewährung

Den Versuch, den Mann mit einem Streit zu überfallen, sollte keine räumlichen oder zeitlichen Grenzen kennen. Eine Situation, in der man ungestört ist, eignet sich allerdings am besten. Es sei denn, die Frau liebt beim Sex wie beim Streiten Zuschauer und/oder Zuhörer.

Probleme & Gefahren

Er könnte diese besondere Form von Verbalsex als Meinungsverschiedenheit auffassen.

Therapie & Training

Ausgestattet mit der nötigen inneren Überzeugung und einem unablässigen Tatendrang macht die Frau den gegengeschlechtlichen Partner im Laufe der Monate und Jahre mürbe. Manche finden sogar irgendwann Gefallen am Streiten. Obwohl sie wissen, dass sie immer verlieren werden. Basta.

Kosten & Nutzen

Die Kosten beschränken sich auf neues Geschirr ab und zu.
Zum Nutzen der ständigen Streiterei: Siehe oben.

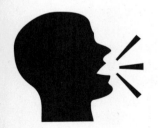
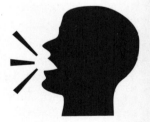

Gut aussehen

»Gut aussehen« ist ein Begriff, den Männer regelmäßig nicht auf sich, sondern lediglich auf das weibliche Geschlecht anwenden. Sie wollen einerseits, dass Frauen ständig gut aussehen und wirken, gut gekleidet sind, gut riechen und schmecken und auch anderen männlichen Wesen Freude bei der puren Betrachtung der in Frage kommenden Person machen.

Sie selbst allerdings weisen gewisse blinde Flecken in der Eigenbetrachtung auf, die sich auch im Laufe der Evolution nicht haben beseitigen lassen. Kurz gesagt: Schaut ein Mann morgens in den Spiegel, erkennt er sich nicht als Gesamtpersönlichkeit, sondern fokussiert seinen Blick im günstigsten Fall lediglich auf seinen Stoppelbart, der zu entfernen ihm soviel Mühe bereitet, dass er

...EN
...USSEHEN

beim anschließenden Frühstück behauptet, er sei aufgrund des microfeinen Schnitts an der Wange fast verblutet. (⇨ gepampert werden)

Wollen wir an dieser Stelle schweigen über seine Auswahl an Ober- wie Unterbekleidung, Schuhen, Socken und sonstigen den Menschen an und für sich verschönernden Accessoires der äußeren Natur.

Orte & Zeiten der Bewährung

Männer sehen ohne Beratung einer styleerprobten Frau immer irgendwie blöd aus. Ob die Hosen ausgebeult sind, die Socken nicht zum Rest des Outfits passen oder die Jacke zwar gletschergetestet ist, aber scheußlich aussieht.
Es kann sogar in vereinzelten Fällen dazu kommen, dass der betreffende Mann in einem solchen Outfit zum Bewerbungsgespräch antreten will.

Probleme & Gefahren

Männer in Sachen Outfit zu beraten, ist zwar einerseits zwar ein löbliches Unterfangen, kann aber seitens des Mannes zu alltagsumspannenden Verweigerungshandlungen führen, deren Konsequenzen nicht immer für alle Beteiligten erträglich sind.

Therapie & Training

Ein vierwöchiges Praktikum in der Werkstatt von Jean-Paul Gaultier oder Vivienne Westwood kann als Schocktherapie verstanden werden und Wunder bewirken. Er will schließlich auch auf andere Frauen attraktiv wirken ;-))

Kosten & Nutzen

Läßt sich der Mann darauf ein, die Therapieempfehlungen der Frau anzunehmen: Glück gehabt! Die Frau kann sich täglich am Aussehen des Angebeteten erfreuen.

Auto fahren

Unnötig zu erwähnen, dass Frauen die besseren Autofahrer sind. Die Statistiken der Versicherungen beweisen dies seit Jahren. Dass Männer um die Einnahme eine der letzten Bastionen ihrer Macht fürchten, sollte die Vertreterinnen des weiblichen Geschlechts kalt lassen. Witze über parkplatzsuchende, einparkende, oder parkhausschädigende Frauen dienen lediglich dazu, die Bewunderung ob ihrer Fahrkünste geschickt zu unterdrücken. Seien wir also nicht kleinlich: Männer haben ja sonst wenig zu lachen. (Siehe aber auch ⇨Beifahrer sein)

FAHREN

Orte & Zeiten der Bewährung

Ein gut erzogener Mann beweist seine Fähigkeiten dadurch, dass er sie bittet, den soeben gekauften Neuwagen aus dem Autohaus abzuholen und zum Einfahren durch die engstrassige, kurvenreiche Natur zu steuern.

Probleme & Gefahren

Selbst gut erzogene Männer sind rückfallgefährdet, weshalb sich das Verstecken des Autoschlüssels nebst Zweitschlüssel an für ihn nicht auffindbaren Stellen, wie z.B. in den Untiefen der Zuckerdose empfiehlt, um ihn an heimlichen, nächtlichen Spritztouren mit dem neuen Automobil zu hindern.

Therapie & Training

(24)

Das stumme Wiederholen eines geeigneten Mantras (nein, nicht Manta! Mantra!) wie z.B. »Herr gib, dass Herbert ihn heute zur Doppelkopfrunde abholt und er nicht selbst fahren will!« hat in der Mehrheit der getesteten Versuchspersonengruppe zu guten Ergebnissen geführt.

Kosten & Nutzen

Die Kosten sind nicht in gängiger Währung zu bemessen. Unendliche Geduld und Beharrlichkeit sollten allerdings aufgebracht werden. Um den kurzen Weg zur Arbeit zurückzulegen, kann man ihm ein Kickboard zur Verfügung stellen.
(Zwischen 50 und 500 Euro.)

Bügeln

26

Männer erkennen in der Regel Sinn und Zweck eines Bügelbretts nicht. Manche äußern gar die Vermutung, dass es sich neben dem Küchentisch um eine weiteres Hilfsmittel handele, das den Vorgang »Frauen bügeln« vereinfachen soll – lässt sich doch ein Bügelbrett in der Regel stufenlos verstellen. Besonders attraktiv erscheint dies Männern von ungewöhnlicher Körpergröße, die die Höhe ihres Tisches und ihres Teils für nicht kompatibel halten. Da braucht es Geduld, meine Damen, um ihn mit regelmäßigem Verhaltenstraining davon zu überzeugen, dass Bügelbrett wie Bügeleisen schlichtweg Haushaltsgegenstände sind, die beiden Geschlechtern zur Verwendung zwecks Glätten frisch gewaschener Bekleidungsstücke stehen. Und nichts mit der Praxis kamasutrischen Regelwerks zu tun hat.
(Siehe auch ⇨Pimpern)

ÖGELN
BÖGELN

Zeiten & Orte der Bewährung

Gut geplättete Bekleidung ist täglich beim Anziehen des Mannes zu überprüfen. Auch am Samstag, wenn er eigentlich seinen hässlichen Jogginganzug (Aldi: 19,99 Euro) anziehen will.

Probleme & Gefahren

NO!

Niemals das Bügeltraining vor laufendem Fernseher während der Übertragung von Fußballspielen beginnen. Für Anfänger eignen sich eher Rosamunde-Pilcher-Filme, »Das Traumschiff« oder »Unentdeckte Schätze der Savanne«.

Therapie & Training

Anfänger-Training siehe oben. Langsam zu steigern unter Einschalten entsprechender Fernsehsendungen. Für die Mittelstufe-Prüfung: »Die Wochen-Show« oder »TV Total«. Für die Reifeprüfung: Das Endspiel der WM oder EM (sofern Deutschland mitspielt), »Shining« oder »Das Festival der Volksmusik«. Sind alle Prüfungen bestanden, kann die Meisterprüfung abgenommen werden: Plätten des Bügelgutes der letzten 4 Wochen inkl. ordnungsgemäßem Einräumen in den Kleiderschrank. Bei Erfolg: Verleihung des Ordens »The Iron-Man«.

Kosten & Nutzen

Durch das Inaussichtstellen gelegentlichen »Gebügelt werdens« (siehe das Standardwerk von Thomas Thron, Bügeln und gebügelt werden) halten sich Kosten und Nutzen bei konsequentem Durchführen der Therapie die Waage. Sollte die Therapie fehlschlagen: Das Bügeln von Oberhemden kostet in der Wäscherei pro Stück rund 2 Euro. Egal ob gelegt oder gehängt.

ARBEIT
Arbeiten

Der gewöhnliche, links-hemisphärisch hirngesteuerte Mann kann die Fülle der Aufgaben, die eine Frau im Laufe ihres Lebens zu bewerkstellen hat, nicht erfassen. Genauer betrachtet kann sich ein Mann lediglich auf eine Aufgabe gleichzeitig konzentrieren. Er ist – im Gegensatz zur Frau – nicht in der Lage, Telefonate mit Freunden oder Verwandten zu führen (siehe auch ⇨Beziehungen führen), das Abendessen zu planen und gleichzeitig das Baby zu wickeln. Selbst wenn er sich der einfachen Herausforderung stellt, eine weitere Bierflasche aufzumachen, verpasst er gewöhnlich das entscheidende Tor, das irgendein (grandios gut aussehender) Brasilianer gerade geschossen hat. Selbst wenn er anschließend der Frau die Schuld gibt: »Kannst du nicht EINMAL was für MICH machen?«, läßt sich nicht verhehlen, dass dies lediglich eine emotionsgeladene Reaktion auf seine Unfähigkeit ist, komplexe Handlungsabläufe zu erfassen und zu koordinieren.

Am besten schickt man ihn morgens frisch gewaschen, rasiert und gekämmt (siehe auch ⇨Gut aussehen) und mit sauber gebügelter Oberbekleidung (siehe auch ⇨Bügeln) aus dem Haus, stellt ihn auf sein Kickboard (siehe auch ⇨Auto fahren) und wartet, bis er abends schlecht gelaunt wieder ins heimische Nest zurückkehrt, um sich über den ständig zunehmenden Stress in der Firma zu beklagen.

Zeiten & Orte der Bewährung

Den Haushalt an und für sich als zusätzlichen Arbeitsplatz anzuerkennen, macht einen wahrhaft bewunderungswürdigen Lebensgefährten aus. Und zwar nicht nur am Samstag morgen (Getränke einkaufen, Rasen mähen, Hecken scheren), sondern auch Montags bis Freitags (Waschen, Bügeln, Kochen) und Sonntags (Steuererklärung erstellen, Rechnungen bezahlen).

Probleme & Gefahren

Wenn er nur nörgelt, aber trotzdem zu Hause bleibt, ist noch keine Gefahr im Verzug. Verabschiedet es sich überproportional oft zu wichtigen Verabredungen am Abend oder verspätet sich mit der Rückreise von der Arbeit ins Heim (»Wir haben heute Abend noch eine sehr wichtige Sitzung«), sollten private wie professionelle Investigationen ins Auge gefasst werden.

Therapie & Training

Die einfachsten Mittel sind oft die nachhaltigsten. Nennen wir sie: Zuckerbrot und Peitsche. Benimmt er sich anständig und verhält sich nach den ihm auferlegten Regeln, muss er belohnt werden.

(Siehe auch ⇨ Essen gehen, insbesondere: »Schnitzel«)

Widersetzt er sich allerdings den Geboten, sollte er mit dem »Großen Schweigen« bestraft werden.

Nur widerwillig geäußerte Halbsätze wie »Nein, nein, mein Schatz, es ist wirklich nichts« (wobei sie derweil unaufhörlich das bereits blitzsaubere Spülbecken mit Stahlfix putzt und ihm auf keinen Fall in die Augen blicken darf!), zeigen im Normalfall Wirkung.

Kosten & Nutzen

Unter verstärktem Einsatz weiblicher Intuition und unter Ausleben des in den letzten Jahren wiederbelebten sogenannten Zickenhormons (lat.: chicagen) ist der Nutzen vorausberechenbar. (Siehe auch ➪ »Flirten/Anbaggern, Berechnung des Break-Even).

Hausmann

Kurz und ungut: Männer sind komplett haushaltsuntauglich. Und das, obwohl sie offiziell zum Inventar gehören. (Leider sind die Kosten für ihren Unterhalt nicht steuerabzugsfähig.) Sie können sich zwar in fremden Haushalten spontan wie nackt in Kleiderschränken verstecken, jedoch im heimischen Haushalt die liebevoll von der Ehefrau gebügelten Oberhemden nicht in die winzige Ecke des Kleiderschrank einsortieren, der ihnen von der Haushaltsvorsteherin zugewiesen wurde. Die freundliche Aufforderung »Könntest du vielleicht auch mal das von dir verpisste Klo putzen?« regeln sie emotionslos innerhalb 5 Sekunden mit dem trockenen Abwischen des Klodeckels und dem Kommentar: »Fertig!« Die Anweisung »Kannst du bitte die Eisenbahn abbauen, bevor meine Mutter zu Besuch kommt?« erledigen sie, indem sie die Bahn anstatt vom Wohnzimmer in die Küche oder

MANN

ins Bad umleiten. Da kann die Frau von Glück reden, dass die stinkenden Socken, die er in den Untiefen der Sofaritzen in alle Ewigkeiten zu versenken glaubte, bereits ein Eigenleben begonnen haben, indem sie von ganz alleine zur Waschmaschine trippeln und rufen: »Wasch mich, wasch mich!« Wirklich zu gebrauchen ist ein Mann im Haushalt nur, um Dübel anzubringen, Wände zu verputzen und das Feuer des Grills anzufachen.

Zeiten & Orte der Bewährung

Ganzjährig. Wohnraumumfassend.

Probleme & Gefahren

Er könnte Sacrotan und Domestos mit Grappa verwechseln. Sicherheitshinweise sind deutlich erkenntlich an den Putzflaschen anzubringen. Es sollen nur Putzmittel gekauft werden, die über eine entsprechende Männersicherung verfügen.

Therapie & Training

Brutalmethode: Zwangsaufenthalt in Nonnenkloster.
Training überflüssig.

Kosten & Nutzen

Der Aufenthalt in geeigneten Therapieeinrichtungen ist meist kostenfrei. Die Wiedereingliederung in den normalen geschlechtsgemischten Haushalt kann betreuungsintensiv sein. Das Angebot von Kuschelsex statt Rosenkranzbeten zeigt jedoch meist erstaunlich schnell Wirkung.

Beifahrer sein

Männer sind gut für's Autofahren – solange sie entweder selbst fahren oder Formel-1-Rennen im Fernsehen kucken. Hat man sie rechts neben sich im Sitz, ist der doppelte Einsatz von Ohropax indiziert. Sie laufen zu voller Form auf und produzieren einen Redeschwall, den sie ansonsten nur dem weiblichen Teil der Menschheit zusprechen. Mal geht es zu langsam, mal geht es zu schnell. Die Ampel wird schneller grün, als die zarte Hand an die Gangschaltung will, und spielende Kinder in der Tempo-30-Zone erkennt er nicht als unberechenbare Gefahrenquelle, sondern befürchtet, dass diese statt dessen bei langsamen Autofahrern ganzjährig Faschingszoll vereinnahmen wollen. Dabei vergisst er ganz, dass er nicht deshalb am Steuer sitzt, weil er sich chauffieren lassen will, sondern chauffieren lassen muss – ob des 2-monatigen Fahrverbots und Lappenentzugs durch die Ordnungsbehörde wegen zu schnellen Fahrens im Wohngebiet.

Orte & Zeiten der Bewährung

Am angenehmsten, weil am schweigsamsten sind männliche Beifahrer, wenn sie sich nach der Extraktion eines vereiterten Weisheitszahns beim Zahnarzt abholen und nach Hause bringen lassen. Auf Urlaubsreisen lässt man besser sie ans Steuer, damit sie später am Stammtisch stolz behaupten können: »Boah ey, ich bin die ganzen 16 Stunden von Flensburg bis Neapel alleine durchgebrettert. Die Alte hat natürlich geschlafen.«

Probleme & Gefahren

Nur eine Frage: Wieso hängen alle männlichen Beifahrer über 40 eigentlich immer so dicht an der Windschutzscheibe? Immer!

Therapie & Training

Schocktherapie ist angesagt: Im Hosenträgergurt in einen Ferrari auf den Beifahrersitz geschnallt und von einem 14-jährigen Fahrer ohne Führerschein durch den Taunus, ersatzweise durch den Schwarzwald, z.B. von Freiburg bis Todtnauberg bei Tempo 100 - 160 ohne Beigabe einer Kotztüte spazierenfahren. Die Heilung tritt schneller ein als man denkt: Er kauft sich sofort eine Interrailkarte. Garantiert.

Kosten & Nutzen

Die Kosten belaufen sich auf den derzeit gültigen Bahntarif für die Interrailkarte plus Bestechungsgelder für den 14-jährigen Straffälligen und die Ferrariausleihe. Gegen hohe Investitionen im Vorfeld steht lebenslanger Nutzen.

Essen gehen

Mit einem Mann so richtig fein ins Restaurant gehen, kann eine Strafe sein - vor allem, wenn der Auserwählte nicht nur der ist, mit dem die Frau den Tisch, sondern ansonsten auch das Bett teilt. Man erlebt nämlich unweigerlich stets dieselbe Abfolge vertrauter Handlungen:

1.) Mit selektivem Blick und stets bemüht, den Gaumen nicht durch einen neuen Geschmack zu verunsichern, erkennt er immer nur »SCHNITZEL« auf der Karte.

2.) Kaum hat die Frau es sich bequem gemacht und einen körpernahen Platz für ihre Handtasche gefunden, will er dem Kellner, der lediglich die Bestellung des Aperitivs aufnehmen wollte, »zweimal Schnitzel mit Pommes und Salat« zurufen.

3.) Wenn der Kellner weg ist und die Frau zaghaft kundtut, dass sie etwas ganz anderes hätte bestellen wollen, verfällt der Mann in Grundstimmung »muffelig-fassungslos-beleidigt«.

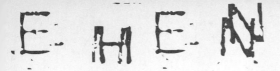

4.) Fragen des Geschmacks kann ein Mann bekannterweise nicht beantworten. Für ihn ist ein gutes Essen eins, von dem er behaupten kann, dass davon reichlich auf dem Teller zu finden war. Sein stetig wachsener Bauch und die polsterhaften Ausbeulungen oberhalb der Hüften lässt er unbeachtet, wenn er nach dem Mahl noch eine Scheibe Brot zum Auftunken der Soße bestellt.

5.) Bis das Essen auf den Tisch kommt, ist mit einem hungrigen Krieger über nichts Vernünftiges zu reden. Deshalb empfiehlt es sich, die verbleibende Zeit sinnvoll zu nutzen und die Waschräume zwecks Erneuerung des Make-Ups aufzusuchen.

6.) Den Mann stört es nicht, wenn die Speisen nur lauwarm sind und von einem unaufmerksamen Kellner auf den Tisch gedonnert werden. Es würde ihm nur auffallen, wenn seine eigene Frau derart verfahren würde.

7.) Viele Männer neigen dazu, vertraulich weitergereichte Informationen über Service und Qualität des Essens ungefiltert und spontan an das Bedienungspersonal weiterzugeben. Das führt regelmäßig zu mehr als peinlichen Situationen, deren Bedeutungsschwere der männliche Begleiter zu erfassen nicht in der Lage ist.

8.) Obwohl er um die Diätpläne seiner Begleiterin weiß, muss er nach einem ohnehin opulenten Mahl zu allem Überfluss auch noch die Dessertkarte laut vorlesen und sich ihren Lieblingsnachtisch bestellen.

9.) Wenn sie es dann wagt, mit einem kleinen Espressolöffelchen von seinem Tiramisù zu probieren, beteuert er, der Appetit sei ihm vergangen und er würde sich nun einen Grappa zum Abschluss bestellen. Eine verdammt billige Ausrede des Mannes, um sich auch an diesem Abend wieder volllaufen zu lassen!

Probleme & Gefahren

Siehe oben

Therapie & Training:

Autoritäres Verhalten ist das einzige, was hilft: Die Frau bestellt beim Erstkontakt mit dem Kellner und ohne Rücksprache mit ihm ein kalorienreduziertes, fett- und cholesterinarmes Menü für ihren männlichen Begleiter. Sie duldet weder Widerspruch noch Nörgeleien. Und sie wählt die Sitzposition so, dass sie ihn im Ernstfall hindern kann, auf üppige Frauen oder volle Grappaflaschen zu schauen. Letztlich wollen Männer so behandelt werden.

Kosten & Nutzen

Die Rechnung geht an ihn. Der Nutzen ist relativ: Schnitzel wäre billiger gewesen und hätte ihm wahrscheinlich geschmeckt. Aber die Erziehung wäre zu kurz gekommen.

Ehrgeiz

46

Im Prinzip lassen sich freilaufende, nicht in Käfigen gehaltene Männer in 2 Gruppen einteilen:
In der ersten Gruppe leben und wirken die Karrierebewussten. Diese kennenzulernen, ist leider nur im beruflichen Kontext möglich. Sie sind entweder charmant-oberflächlich oder zielorientiert-verbissen. Neben ihrem Bestreben, eine wie auch immer geartete Karriereleiter hochzusteigen, bleibt ihnen kaum Raum und Zeit für sinnvolle Freizeitgestaltung. Selbst der nach Feierabend eingenommene Drink mit Kollegen oder der Gang ins Fitnessstudio dient letztendlich dem weiteren Aufbau der Karriere und hat deshalb den Nutzen Null auf der Flirtskala.

GEIZ

Die andere Gruppe wird von Männern bevölkert, die nicht ein Fitzelchen Karrierebewusstsein besitzen. Die zu treffen und sich von ihnen vermeintlich anbaggern zu lassen (siehe auch: ⇨Flirten und Anbaggern) ist relativ leicht. Schwierig wird es erst, wenn sich diese frische Bindung verfestigt und nach und nach in eine sogenannte feste Beziehung übergeht. Dann gilt es, folgende Regeln zu beherzigen: Er muss stets sauber und adrett gekleidet morgens aus dem Haus geschoben werden. Es ist darauf zu achten, dass die Hosentür zu, die Krawatte gerade und das nasse Zeitungspapier von der Rasierwunde an der Wange entfernt wurde. Es muss ihm überdies stets Feuer unter dem ansonsten sitzerprobten Hintern gemacht werden, um solch banale Dinge wie Verhandlungen um Gehaltserhöhungen tatsächlich in

Angriff zu nehmen und erfolgreich umzusetzen.
(Weitere Regeln werden auf Anfrage nach Übersendung entsprechender Legitimation gerne zugestellt.)

Zeiten & Orte der Bewährung

Egal wo – egal wann. Maßnahmen zur
Ehrgeizoptimierung sind immer angebracht.

Probleme & Gefahren

Er könnte irgendwann anfangen zu maulen.

Therapie & Training

Sukzessive Steigerung der Aufgaben mithilfe eines
entsprechenden Anforderungsprofils.

Kosten & Nutzen

(49)

Einmalige Konsultierung einer professionellen Karriereberaterin zwecks Erstellen eines Aktionsplans. (Pro Stunde ca. 150 Euro, steuerlich abzugsfähig.)

Fernsehen

Es gibt Zeiten, zu denen eine Frau sicherstellen will, dass der Mann das Haus nicht verläßt. Beispielsweise, weil sie ihn später noch braucht, um ein Bild aufzuhängen, den Müll rauszubringen oder den verstopften Abfluss zu reinigen. Wenn man ihn bis zur Erteilung des Handlungsbefehls zwischenparken will, setzt man ihn vor dem Fernseher ab. Man wählt ein Programm aus, das viele bunte und bewegte Bilder zeigt und das auch in der Nachbarwohnung noch zu hören ist und nicht durch die Geräusche gestört wird, die er beim Kauen von Salzstangen, Chips oder Flips erzeugt. Dann drückt man ihm die Fernbedienung in die Hand, ermutigt ihn, die Füße hochzulegen und hin und wieder an dem bereitgestellten alkoholischen Getränk zu nippen. Somit er ist versorgt, bis man ihn für andere Sachen in Einsatz bringen kann. Es lohnt sich, immer wieder mal nachzuschauen, wie es um seine Befindlichkeit steht. Wie bereits an anderer Stelle erwähnt: Männer schaffen es nur, eine Sache gleichzeitig zu erledigen. Komplexere Handlungen, die nicht nur Hand, sondern auch den Einsatz von Hirn erfordern, könnten ihn über die Maßen belasten.

Zeiten & Orte der Bewährung

Mo-So, 18-0 Uhr, daheim

Probleme & Gefahren

Er schläft vor der Glotze ein.

Kosten & Nutzen

Kosten: GEZ.
Nutzen: Man kann ihm während seiner TV-Trance Versprechungen abringen, der er sonst nie machen würde: Sonntags eine ausgiebige Wanderung machen, den Keller entrümpeln, den Filter der Waschmaschine erneuern, den verklemmten Rolladen reparieren.

Computer

Die meisten Männer interessieren sich nicht für
Computer, sondern sie vergöttern sie geradezu.
Um ihre Leidenschaft öffentlich zu bekunden,
gehören zu den bits n'bytes ihrer Vorträge die
Begriffe RAM und FLASH-ROM, CPU und TCP-IP,
Wireless LAN und PCI-Slot. Möge sich die werte
Frauenschar von den Ausführungen dieser Männer
nicht in die Irre führen lassen. Mit Refreshtime ist
nicht etwa eine gemeinsame Entspannungszeit in
einem Türkischen Bad gemeint. Die Begriffe Login
und Logout haben auch nichts mit Sex zu tun.
Insbesondere der Ausdruck Allgemeine Schutzverletzung soll nicht bedeuten, dass er vergessen hat,
Kondome zu kaufen.

Es ist viel einfacher: Das Interesse der beschriebenen Domänencontroler gilt weniger der Anwendung von Computern und den ihnen innewohnenden Programmen als vielmehr der Installation und
dem Ingangsetzen derselbigen. Computer sind für

DER COMPUTER

sie ein Spielzeug, die konsequente Fortsetzung von Lego und Fischer-Technik. Das Lego-Flugzeug stand doch auch bereits nach erstem Zusammenbau dumm im Kinderzimmer herum und staubte ein. So ist es auch mit Computern. Sind sie einmal installiert, liegen möglichst viele Kabel kreuz und quer durch das Zimmer und sind die Programme ansatzweise getestet, dann endet der Job des normal sterblichen computerbegeisterten Mannes. Geht es nämlich an die praktische Nutzung, versagt er kläglich. Bittet man ihn zum Beispiel, einen Brief an den Vermieter (in einem x-beliebigen Textverarbeitungsprogramm) zu schreiben, dass der Keller feucht ist, verfügt er plötzlich nur noch über höchstens 1 Finger pro Hand, die beide gleichermaßen urplötzlich schmerzen und es ihm unmöglich machen, ein simples Dokument zu öffnen. Die einfache Frage, ob er seine Ausgaben in die Liste (in einem x-beliebigen Tabellenkalkulationsprogramm) der monatlichen Haushaltsausgaben eintragen könne, stürzt ihn an den Rande des Wahnsinns. Da hilft nur eins: Bei ihm eine Firewall zu installieren, einen 100%igen Burnproof durchzuführen, um herauszufinden, ob die Database Connection noch aktuell ist und die DFÜ-Verbindung stimmt. Sollte dies alles nicht funktionieren, muss geprüft werden, ob bei ihm ein Schwerer Ausnahmefehler vorliegt. Falls ja: Ab mit ihm in die Garbage Collection.

Zeiten & Orte der Bewährung

siehe oben: Schreiben einfach gestalteter Briefe oder Anlegen simpler Budgetlisten.

Probleme & Gefahren

Ausgiebige Frustrationen seinerseits sind quasi vorprogrammiert. Sie enden entweder in haltlosem Weinen oder in lautstarkem Gebrüll, von dem die Frau wissen sollte, dass dies lediglich seiner existentiellen Angstabwehr dient.

Therapie & Training

Besuch eines Kurses »Computer for Kids« alternativ »Internet für Senioren« nebst 10-Finger-Schreibtraining an der Volkshochschule. In schwierigen Fällen zusätzliche Buchung des Seminars »Selbstbewusstsein trotz hochgradiger Versagenserfahrung«.

Kosten & Nutzen

Kosten von VHS-Kursen sind in der Regel haushaltskassenverträglich. Zudem lassen sich die anfallenden Gebühren von der Steuer absetzen. (siehe im entsprechenden Computer-Programm unter »Fortbildungskosten«.)

Pimpern

Bevor wir dieses Buch schließen, um etwas anderes tun: Let's talk about sex. Schließlich ist es höchste Zeit, endlich ein altes Vorurteil vom Tisch (oder von mir aus auch: vom Bügelbrett) zu wischen, mit dem Männer maulheldenhaft gern hausieren gehen:

Frauen würden Sex nur deshalb mögen, weil sie sich durch dessen Vollzug erhofften, in den Genuss einer lebenslangen Rund-um-Versorgung durch den Jäger und Sammler an ihrer Seite zu kommen. Pauschalisierte Aussagen wie diese bergen natürlich die Gefahr, klammheimlich Schuldverschiebungen vorzunehmen, um von der eigenen Triebdürre und Libidolähmung abzulenken. Sex ist nicht gleich Sex. Dieses traditionelle Freizeitvergnügen der allsinnlichen Art verdient es, genauer beleuchtet zu werden. Die ersten Qualitätsunterschiede ergeben sich bereits bei der Wahl der Zielgruppe und in der Betrachtung der chronologischen Ereignisse.

Frischsex

Frischsex hat nichts mit der Frische des Fleisches zu tun, das der entsprechenden Lust frönen möchte, sondern mit der Kürze der leiblichen Bekanntschaft zweier Körper. Nach mehr oder weniger langen Kennenlerngesprächen tritt irgendwann der Zeitpunkt ein, an dem nicht nur die Gelegenheit günstig, sondern auch beide willig wie bereit sind, die Unterhaltung nicht mehr nur verbal zu führen. Der konkreten Ausgestaltung der folgenden sexuellen Handlungen sind dabei keine Grenzen gesetzt. Alles kann möglich sein. Überraschungen inklusive. Frischsex kann übrigens ein Leben lang dauern. Die Paare, die diesen Beweis antreten können, sind aber in unseren Breiten zugegebenermaßen dünn gesät.

PRÄDIKAT:
zaghaft-romantisch bis leidenschaftlich-wild

Gewohnheitssex

Diese Form der Triebentladung, die von Paaren gewählt wird, die sich ihrer wartungsfreien Beziehung sicher wähnen, hat einen Vorteil: Das

Licht bleibt aus und man spart Strom. Und nicht nur das. Man spart sich auch die Phantasie, die Sex zu einem besonderen sinnlichen Erleben machen kann, z.B. das Aufsuchen ausgewählter Plätze und Räumlichkeiten jenseits des Bettenhorizonts zur Anhebung der Lust beim gemeinsamen Verkehr. Überdies spart man Zeit, weil diese Form sexuellen Treibens zeitschonend abzuwickeln ist. Von Liebesspiel kann dann allerdings keine Rede mehr sein. Ein Symptom für das Eintreten in diesen Zustand ist das verstärkte Maulheldentum des Mannes. Rein medizinisch betrachtet läuft folgendes im männlichen Körper ab: Die Durchblutung seiner Schwellkörper ist gestört und eine Erektion unmöglich, weil das ganze Blut in seine Lippen und in seine Zunge strömt. Zum Beispiel, um lauthals zu behaupten, Frauen würden Sex nicht mögen. Allerdings muss zur Ehrenrettung dieser Qualitätsform gesagt sein, dass es ausgesprochen schön sein kann, wenn vertraute Körper aufeinandertreffen. (Selbst Kuschelsex kann dann schön sein.)

PRÄDIKAT:
vertraut bis langweilig

Zementsex

Der Übergang von Gewohnheitssex zu Zementsex vollzieht sich meist stillschweigend und bleibt von den Betroffenen zunächst unbemerkt. Das Bauwerk »Liebesbeziehung« wurde bereits vor langer Zeit errichtet und von den Eigentümern bezogen. Nun ist es verwohnt und renovierungsbedürftig. Traut sich keiner der beiden Beteiligten an eine Grundsanierung, bröckelt der Putz und die Fundamente krachen.

Gefahr: Das Haus stürzt ein. Obwohl oder gerade weil sich im Bett nichts bewegt.

PRÄDIKAT:
langweilig bis nervtötend

Sex mit einem Liebhaber

Eine unter Umständen äußerst reizvolle Spielart: Die Kommunikation zwischen zwei Menschen, die abschnittsweise diesen Weg wählen, bringt den Vorteil, dass unausgesprochen die Befriedigung leiblicher Begierden im Vordergrund steht und lusthemmende Alltagsbeschäftigungen in den Hintergrund treten. Das kann abartig schön, prickelnd und erotisierend, aber auch in den möglichen Konsequenzen deprimierend, enttäuschend oder schweißtreibend sein.

Diesen Weg sollten nur Frauen wählen, die sich ihrer sonstigen Stärken bewusst sind. Männer kneifen nämlich, wenn es Spitz auf Knopf geht und die Ehefrau oder Lebensabschnittsgefährtin hinter die Sache kommt. Zu klaren Aussagen und Entscheidungen oder zum Beziehen deutlicher Standpunkte sind sie nicht zu bewegen. Sie ziehen im wahrsten Sinn des Wortes den Schwanz ein. Dann können wieder die Frauen die Angelegenheit unter sich regeln. Und das kann schmerzlich sein. Über und unter der Gürtellinie.

PRÄDIKAT:
erotisch bis riskant

Sex mit dem Ex

Das kann ein spannungsgeladenes wie spannungsentladendes Abenteuer gleichermaßen sein. Weil sich die Ärgernisse des früher gemeinsam gelebten Alltags in Luft aufgelöst haben und man nicht mehr über Steuererklärungen, dreckige Wäsche oder mangelnden Ordnungssinn diskutieren muss. Gefahren drohen, wenn die Vereinigung wieder zur altvertrauten Gewohnheit wird. (Siehe auch Gewohnheitssex) oder eine neue Bezie-

hungspartnerin auf der Bildfläche auftaucht.
(Siehe auch Sex mit einem Liebhaber.)
PRÄDIKAT:
vertraut bis gefährlich

Darüberhinaus existieren natürlich unzählige weitere Möglichkeiten für Frauen, ihren Liebeshunger zu stillen und ihren libidinösen Durst zu löschen. Sex mit Frischlingen (der männliche Partner ist mindestens 10 Jahre jünger) ist eine Beziehungskonstellation, die genauso enttäuschende wie aufregende Erlebnisse bringen kann. Sex mit alten Hasen (der männlicher Partner ist mindestens 10 Jahre älter) kann aufregend wie enttäuschend sein. Jede Konstellation kann sich als lustvoll und sinnesbereichernd erweisen. Möge das Gefühl entscheiden und die Frage, die jede Frau für sich selbst beantworten muss: Gebe ich mich her? Oder gebe ich mich hin?

Bücher schreiben

Männer können hervorragend schreiben. In ordentlicher Schrift und ohne zu klecksen. Wenn sie dann gute Beraterinnen zur Seite haben, kann aus der Schönschreibübung sogar ein Buch werden. Thomas Thron beispielsweise war und ist Tag und Nacht umringt von kompetenten wie charmanten Beraterinnen, die ihm selbstlos stets den Griffel spitzen. Dann hat er sich zusätzlich incognito auf die Lauer gelegt, um in Damenkreisen ein paar gute Ideen zu finden und hat sich von einer Frau zeigen lassen, dass zwei Hände zehn Finger haben, die man u.a. auch dafür nutzen kann, etwas im Computer aufzuschreiben kann, ohne zu klecksen – und fertig war das Buch.

Wofür Frauen gut sind

Bügeln und gebügelt werden

Eichborn.
Der Verlag mit der Fliege.